Una Niña Talentosa

Autobiografía
Rosalie Bocelli-Hernández

ISBN 978-0-9908444-2-6
Copyright © 2016 Rosalie Bocelli-Hernández
Ilustraciones: Bill Asbury & María M. Durán Alfaro
Editor: Miguel A. Rodríguez Otero

Dedicatoria

Dedico este libro a nuestro Creador por darme la oportunidad de plasmar mi vida en esta obra.

A todos mis hermanos: Miguel, Maggie, Lourdes, Javi, y Juanqui.

A mis dos hermanas Brenda Luz y Wally, dos niñas que Dios envió para llenar de alegría nuestra casa.

A mi esposo Carlos y a mis dos hijos: Danny y Gabe.

Una Niña Talentosa

Historia basada en la vida de Rosalie

Tomo 1

Capítulo 1

Nací en un *pintoresco* pueblo lleno de montañas, valles, *cavernas* y ríos, que está situado en la parte norte de la [Cordillera Central] en Ciales, [Puerto Rico].   Puerto Rico, es la más pequeña de las Antillas Mayores situada en el Mar Caribe. [Ciales] es un pueblo enriquecido por sus *recursos naturales* y sus bellos paisajes. Posee uno de los más extensos, caudalosos y majestuosos ríos. Nuestra familia frecuentaba uno de ellos llamado [Río Toro Negro]. Se dice que el nombre de *Ciales*, fue relacionado con el apellido de un distinguido héroe militar de España, el General Luis de Lacy.

Los Cialeños, como le dicen a todos los que nacen en este pueblo, son personas muy *hospitalarias* y serviciales. Una costumbre muy común entre los puertorriqueños es que se ayudan unos a otros. Este comportamiento lo podrás ver entre los Cialeños y por supuesto, los puertorriqueños, aún hoy en día.

El 6 de febrero, era un día muy hermoso. Estaba soleado en el pueblo de Ciales y el clima estaba muy agradable. En la casa de los Rodríguez, se encontraba doña Genoveva, que de pronto, comenzó a sentir *dolores de parto.* El tiempo de mi nacimiento ya había llegado. Abuela Chilana, como todos le llamábamos, inmediatamente fue a la casa de nuestra vecina, doña Yuyo. Tan pronto abuela Chilana llegó a su casa, tocó a la puerta en una forma desesperante. Doña Yuyo abrió la puerta rápidamente y abuela Chilana le dijo con voz entrecortada: – ¡Doña Yuyo! ¿Puede ir a buscar al Dr. Otero? ¡Mi hija Genoveva está de parto, va a dar a luz! - ¡Por supuesto! - le dijo doña Yuyo quitándose el delantal. – ¡Voy enseguida!

Doña Yuyo salió de prisa en busca del médico. Tan pronto la abuela llegó a la casa, comenzó a calentar el agua en el fogón de leña. *Esterilizó* varios paños para estar preparada por si el nacimiento ocurría antes de lo esperado. Unos minutos más tarde, doña Yuyo entró corriendo a la casa, casi sin aliento y le dijo a abuela Chilana.

– ¡El Dr. Otero no se encuentra en su consultorio, me informaron que hoy está visitando a unos enfermos en el barrio Cialito!

El Dr. Otero tenía su propio *consultorio* en el mismo pueblo de Ciales. Pero muchas veces viajaba por diferentes barrios ya que tenía que visitar a sus pacientes enfermos. Ésta era una costumbre de antes. Todavía hoy día se practica ésto en lugares que están lejos de la ciudad y donde no hay facilidades de medios de transportación.

Entonces, abuela Chilana, notando que los dolores cada vez eran más frecuentes, decidió enviar por la *partera* del pueblo. En esos tiempos era costumbre que se llamara a una *partera* para asistir a las mujeres que están por *dar a luz*. Las parteras eran mujeres diestras, que conocían cuando una mamá iba a tener a su bebé. El trabajo de ellas consistía en asistir a las madres durante el *alumbramiento,* esto es, el nacimiento de un hijo.

Mi mamá estaba muy adolorida y lloraba por el dolor de las *contracciones* que cada vez eran más continuos. Al cabo de varias horas ya no tenía fuerzas, ella estaba muy débil. La partera le dijo a abuela Chilana.

– No podemos seguir esperando por el médico, no hay tiempo que perder. Doña Genoveva está muy débil y estamos arriesgando la vida de ella y la de su bebé.

Entonces, sin perder más tiempo entre la *partera* y mi abuela, asistieron a mi mamá durante mi nacimiento.

Cuando mi papá llegó a la casa, ¡cuán grande fue la sorpresa que ya yo había nacido! Mi papá estaba muy contento de tener…

otra niña más. Nuestra familia consistía en ese momento de: Miguel "Mike" que era el primogénito, Maggie, que era la segunda y la primera niña y Lourdes, que era la tercera. Entonces llegué yo, Rosalie.

Mi peso al nacer era de sólo tres libras y medias, era una niña muy pequeña y muy "flacucha", muy delgada.   Los primeros meses después de mi nacimiento, no había muchas esperanzas para mis padres. Estaba muy delicada de salud y no aumentaba casi de peso. Pero ya al año, aquella delgaducha niña de cabellos dorados estaba llena de energía y vigor.

Al cabo de los años nuestra familia creció aún más y ya consistíamos en seis hermanos: tres niños y tres niñas. Javi y Juanqui fueron los dos hermanos que nacieron después de mí. También vivía con nosotros la mayor parte del tiempo nuestra abuela Chilana. Ella era una gran ayuda para mi mamá ya que seguía creciendo la familia. Con abuela Chilana éramos ya nueve miembros en la familia.

Capítulo 2

Mi mamá, Genoveva, era maestra en la escuela elemental. Mi papá, Miguel Antonio, al llegar a la casa la podía encontrar entre sus "planes escolares" o corrigiendo tareas asignadas a los estudiantes. Siempre estaba haciendo algo, era una mujer muy trabajadora.

Mamita, como todos le llamábamos en la casa, era una mujer alta y de muy hermoso aspecto. Pero había algo más hermoso que su físico y era su linda personalidad que todos admiraban. Era una mujer muy inteligente y creativa; ella poseía muchos talentos. Cuando llegaba a los lugares, sus amistades la buscaban para compartir y hablar con ella. Su belleza física y encanto era como un imán para todos.

Mi hermana Maggie es tan hermosa como ella; Maggie tiene su mismo rostro e inteligencia. Mi hermana Lourdes, posee la misma textura del cabello, su estatura y tiene algo de su personalidad. Además, Lourdes tiene una magia especial para enseñar a los niños preescolares. Si, Lourdes también escogió la misma profesión de mamita. Ella es maestra y les garantizo que es una de las mejores.

Yo heredé de mamita la creatividad ya que siempre estoy inventando y creando, no me gusta estar ociosa. Me encanta estudiar y aprender cosas nuevas todo el tiempo. Siempre estoy buscando proyectos nuevos para hacer.

Capítulo 3

Mi papá Toño, como todos en el barrio lo llamaban, era de mediana estatura y era un hombre muy atractivo. Nosotras sus hijas, lo comparábamos con dos actores del cine norteamericano: uno era Clark Gable y el otro era Omar Sharif. El trabajaba como maestro de *Artes Industriales* en la escuela *Horace Mann* en el pueblo de Ciales. *Artes Industriales* es una profesión en donde, entre ellas, se trabaja con la madera y mi papá lo hacía con mucho arte. Mi abuelo Miguel, le enseñó a construir muebles, sillas, camas y cunas de madera. También a tornear y darle forma a pedazos de madera en una máquina especializada para hacer *balaustres*.

Papito, como todos le decíamos en la casa, era un hombre de carácter fuerte y autoritario. Estuvo en la Fuerzas Armadas de los Estados Unidos por varios años. Durante este tiempo de formación en la milicia, su carácter fuerte y autoritario, se había acentuado por la disciplina que recibió en el ejército. Siempre estaba buscando la perfección. Todo lo que hacía con la madera era elegante y muy bien diseñado. El arte que tenía en sus manos era admirado por muchos en el pueblo de Ciales.

Papito, tuvo el privilegio de hacer su Maestría en la Universidad de Nueva York. Era un hombre muy inteligente. Una vez le escuché decir que su *IQ*, su inteligencia intelectual, era de genio. Ya sabía yo, que mi padre era un hombre superdotado, podía conversar de cualquier tema con inteligencia y fluidez.

Una de las cosas que más recuerdo de papito era que le gustaba leer. Cada momento libre, él no vacilaba en buscar uno de sus magacines o libros para *sumergirse* en la lectura *cotidiana*. El se pasaba largas horas leyendo. Todavía hoy día conserva muchas de sus revistas con fechas del 1947 tituladas "*Popular Mechanic*" y "*Reader's Digest*".

Nuestra casa, era una casa de dos niveles y estaba construida en *concreto*. Estaba situada en la calle *Towner*, que era una calle sin salida. En el sótano se encontraba el taller de carpintería de mi papá. Todas las tardes, cuando regresaba de enseñar en la escuela, se dedicaba a trabajar en la *ebanistería*. Dedicaba largas horas en el taller cortando y creando diseños de muebles para la venta o para el uso de nuestra casa. El trabajaba duramente al igual que mi mamá; éramos seis niños que había que alimentar y vestir.

Durante el tiempo que abuela Chilana vivió con nosotros, ella se dedicaba a cuidarnos y ayudar en las tareas de la casa. Ésto permitía que mi mamá pudiera ir a trabajar a tiempo completo. Madrina Elena y Padrino Baldo vivieron un tiempo con nosotros. Ellos habían comprado una casa cerca de la nuestra y la estaban arreglando. Tan pronto la casa estuvo lista, ellos se movieron a ella.

(Toño) Miguel Antonio Rodríguez Colón trabajando en su taller de carpintería.

Madrina Elena trabajaba como Superintendente de las Escuelas de Ciales y Padrino Baldo trabajaba como Maestro de Historia. Siempre estaban muy ocupados en sus trabajos, pero nunca faltó un día sin que nos dedicaran tiempo. Recuerdo que Padrino Baldo acostumbraba llamarme "la americana" y era por mis cabellos rubios. Yo disfrutaba estar con Padrino, lo amaba tanto como a un padre.

Un día, a Padrino le ofrecieron comprar un edificio que se estaba vendiendo al lado de su casa. Ésta era una gran oportunidad para él comenzar un nuevo negocio. Así que unos meses más tarde compró el edificio. Lo convirtió en un salón de proyección de películas de cine y de obras de teatro. Desde ese momento, Padrino Baldo se convirtió en un hombre de negocios a tiempo completo. Era el dueño del Teatro de Ciales, que estaba situado al cruzar la calle de la Plaza en donde se encontraba la Parroquia *Nuestra Señora del Rosario*.

Capítulo 4

Cuando tenía tres años y medios, mi mamá no tenía a nadie que me cuidara para ella poder ir a trabajar. Abuela Chilana no siempre vivía con nosotros. Ella iba y venía de su casa que estaba situada en las Parcelas Márquez de Manatí; pueblo adyacente a Ciales. Mamita entonces decidió dejarme al cuidado de Padrino Baldo. A él gustosamente le agradó la idea, ya que yo era una de sus "nietas" preferidas. Así que mi mamá se iba tranquilamente a trabajar ya que yo estaba en muy buenas manos.

Siendo tan pequeña, ya sabía contar, identificar los números y tenía un extenso vocabulario. Todo esto, gracias a mis padres y a mis hermanos mayores que continuamente me estaban enseñando. Estar rodeada de maestros y educadores, fue lo mejor que pudo pasarme en mi infancia.

Durante el tiempo que pasé con Padrino Baldo fue el tiempo en que nació dentro de mí una gran pasión por la actuación, la música y las artes. Todo esto fue producto de la exposición que tuve con películas de cine y obras de teatro musicales. Todas las tardes Padrino Baldo proyectaba en la pantalla gigante, las películas de *Walt Disney*. La sala de teatro era sólo para mí. Mientras yo disfrutaba de los muñequitos/caricaturas, Padrino Baldo limpiaba la *sala de proyección*. A veces lo escuchaba hablar por teléfono con personas que trabajaban en la *industria del cine*. Él alquilaba películas de *corto y largo metraje* para ser proyectadas en la sala.

El cine y las obras teatrales eran parte esencial en los pueblos pequeños. Éste, era un medio de entretenimiento para toda la familia. ¡Estos tiempos fueron los mejores momentos de mi vida!

Rosalie en el cine de su Padrino Baldo disfrutando de una película de muñequitos/cartoons.

Capítulo 5

Cuando cumplí cuatro años, las monjas del Colegio, Nuestra Señora Del Rosario, me permitieron ir al *"kínder"*. Allí aprendí a escribir mi nombre, distinguir los colores y las figuras geométricas. Aprendí rápidamente ya que mis hermanos haciendo sus tareas escolares, me enseñaban lo que ellos habían aprendido en el colegio.

Una tarde Sor Fortuna, una de las monjas del convento, estaba *audicionando* para una obra de teatro que se presentaría durante la primavera. La misma era la clásica y famosa obra de teatro *Blanca Nieves y los Siete Enanitos*. Como sólo tenía cuatro años, Sor Fortuna me asignó un personaje muy sencillo en la obra. El personaje de "Florecita". Este personaje consistía en una de las flores del jardín en donde Blanca Nieves estaba con sus enanitos.

Realmente, ¡no quería ese personaje! Yo anhelaba ser parte del número que hacían las niñas del primer y segundo grado del colegio. Ellas tenían un número muy especial utilizando un *"hoola-hoop"*. Yo sentía, que yo podía bailar como todas ellas. Le pedí a una de las monjas, Sor Lydia, que yo anhelaba bailar con las niñas grandes. Sor Lydia me dijo.

– Rosalie, todavía eres muy pequeña para éste baile, ya el próximo año estarás más grande y entonces podrás participar.

Practiqué una y otra vez con el *"hoola-hoop"* ya que tenía la esperanza de que Sor Fortuna y Sor Lydia cambiaran de parecer y me dieran la oportunidad. Aunque mi deseo era tan grande, pero desafortunadamente no fue así, tuve que conformarme con hacer la parte de "Florecita". Recuerdo que no estaba muy contenta. Mi mamá trató de *persuadirme,* y animarme durante varios días.

Cuando comenzó la obra, no estaba contenta, pero luego me sentí mejor. Hice mi papel de "Florecita" lo mejor que pude, aunque mi deseo era poder bailar con las niñas grande usando el *"hoola-hoop"*.

Rosalie en la Obra Clásica de Blanca Nieves como "Florecita".

Capítulo 6

A menudo venían a nuestra casa familiares a visitarnos. Escuchaba hablar a la *"gente grande"* que yo era una *niña precoz*. Me gustaba cantar, bailar, escribir, tocar el piano de oído y deseaba aprender a hablar inglés. Muchos de nuestros familiares de Nueva York nos visitaban durante el verano. Los oía hablar en inglés. ¿Cómo deseaba hablar otro idioma? A veces escuchaba a los haitianos que vivían cerca de mi casa hablar "*creol*", esto era una mezcla de varios lenguajes. Había una pasión dentro de mí de aprender todo lo que se me viniere a la mano. Quería aprender a cocer, cantar, bailar, cocinar, pintar y otras cosas.

Esto se notaba en mí desde muy pequeña, ya que cuando mi abuela preparaba la comida yo estaba muy pendiente de lo que ella hacía. Ella veía la agilidad que tenía para aprender. A veces le recordaba a ella si se le había olvidado algún ingrediente en la comida. Ella se reía y me decía que yo tenía una mente muy despierta y siempre estaba pendiente de todo.

– A ti no se te olvida nada hija. – ella me decía.

Hasta que un día ella decidió que ya era tiempo de darme tareas dentro de la cocina. Nuestra familia era muy grande y todos necesitábamos ayudar en las tareas de la casa. Además, me gustaba *merodear* alrededor de abuela Chilana cada vez que cocinaba. Pues por fin, ese día llegó, ¡aprendería a cocinar!

- ¡Qué alegría, por fin! – me dije a mí misma – ¡voy a aprender a cocinar!

Comencé a mostrar rasgos de liderazgo desde muy chica. Limpiaba el piso, limpiaba los baños, fregaba los platos de la cocina y barría el balcón de la casa. También abuela Chilana me enseñó a planchar los pañuelos de mi papá, ya que mis hermanas mayores habían aprendido. Me encantaba trabajar en los *quehaceres* de la casa. Me gustaba que la casa estuviera limpia y recogida.

Cuando llegaba la hora del juego, había algo que disfrutábamos todos los hermanos al estar juntos y era irnos de *excursión*. Cerca de nuestra casa había un bosque en donde íbamos a caminar por él. Muchos decían en el pueblo que en el bosque había fantasmas. Como en todos los pueblos pequeños, hay muchos mitos y supersticiones. Pero no me daba miedo si íbamos todos juntos. Mike, mi hermano mayor, nos protegería de los "fantasmas del bosque".

Nos llevábamos una *cantimplora* llena de agua y para comer, unas aceitunas, galletas y frutas. Caminábamos un largo camino hasta llegar a una quebrada. Allí nos mojábamos los pies y jugábamos a los indios y a los vaqueros. ¡Qué divertido estar todos los hermanos juntos!

El tiempo que viví en Ciales, fueron los más hermosos de mi niñez, ellos fueron los más *sublimes*. Era un pueblo en donde todos se conocían y todos era muy buenos y *hospitalarios*.

Capítulo 7

Recuerdo que mi papá decidió ir de vacaciones a la Feria Mundial de Nueva York. El contemplaba la idea de tal vez quedarnos a vivir allá. La mayoría de los familiares de mi mamá vivían entre Manhattan, Brooklyn y el Bronx; pero esos planes no se realizaron. Vivir en una ciudad tan poblada y con un ambiente tan diferente al que vivíamos, no era una buena idea. Especialmente para levantar a una familia tan grande. Él decidió regresar a la isla de Puerto Rico y nos mudamos al *área metropolitana*, que estaba cerca de la Capital, de San Juan.

Había aprendido en la escuela, que la isla de Puerto Rico se llamaba San Juan Bautista. Originalmente se llamaba *Borinquén,* nombre dado por los *Indios Taínos*. Más tarde Juan Ponce de León, el primer gobernante español, la llamó, Puerto Rico. Se decía que era una isla estratégicamente muy bien situada en el Caribe. Muchos países europeos estaban atraídos en establecer sus negocios en Puerto Rico. Era una isla fructífera, los negocios, cosechas y educación progresaban rápidamente.

Nos mudamos a un pueblo que se llama Bayamón, y como muchos le dicen, "*el pueblo del chicharon*". Era un pueblo lleno de gente, carros y ruidos. La mayoría de las casas estaban construídas en *cemento armado* y estaban situadas en *urbanizaciones*. Allí no se podían criar gallinas, caballos, cerdos u otros animales como los teníamos en Ciales. Todo era muy distinto a mi pueblo natal. Pero decidí que había que acostumbrarse ya que éste sería nuestro nuevo hogar.

Después de varios años de habernos establecidos en Bayamón, el ángel de la muerte visitó nuestra familia. Mi mamá se enfermó de *cáncer* y a los pocos meses murió. Todo fue tan repentino y distinto sin nuestra mamá, el *luto* permaneció por un año. El *luto*, era una costumbre de "guardar respeto" a la persona que ha muerto. Era cuando un pariente fallecía en la familia, las damas se vestían de color negro. Nosotras, aunque éramos niñas, cuando salíamos de la casa nos vestíamos de color negro o con colores obscuros. Ésto era una costumbre que muchas personas aún hoy día la conservan.

Capítulo 8

A la edad de doce años me había convertido en una *huérfana*.
Se le llama *huérfana(o)* a los niños que pierden a uno o ambos
padres. Mi vida tomó otro rumbo, todo era tristeza, llanto y sombras.
Estaba casi siempre sola, yo misma me aislaba de la gente. Prefería
la soledad a estar acompañada. No pasaba una noche sin añorar a
mi mamá. ¡Cuánto deseaba estar con ella! Era como una noche sin
luna y sin estrellas, era como un cielo sin pájaros y como un mar sin
peces.

Mis calificaciones en la escuela usualmente eran de "A", pero
después de la muerte de mamita, comenzaron a bajar. No tenía
deseo de ir a la escuela como antes. Eran muy pocas las cosas que
me motivaba. Pasé muchas noches llenas de llanto, eran noches
muy obscuras y estaban llenas de silencio y soledad. Me iba a la
terraza de la casa y hablaba a las estrellas del cielo para ver si alguna
de ellas había visto a mamita. El no tenerla cerca era muy triste,
¡cuánto añoraba estar con ella!

Este sentimiento de tristeza disminuyó un poco a través de los
años. Tuve la oportunidad de conocer nuevas amistades en la
escuela y especialmente me hice muy amiga de José, un joven ciego.
José caminaba con su perro a todas partes, la escuela le permitía
tener a su perro en los salones de clases.

Rosalie hablando con José, el joven ciego en la escuela Papa Juan XXIII, Bayamón, Puerto Rico.

Esta era la única manera de él poder caminar con libertad en la calle y en los salones de clases.   Lo admiraba ya que siendo ciego siempre estaba contento y hacía chistes que todos nos reíamos por sus historias.

Supe por José, que no siempre había sido ciego; después de un accidente automovilístico, perdió su visión.

– Rosalie – me dijo un día – ¿me das un cabello de tu cabeza? Saqué un cabello y él lo tomó entres sus dedos, luego lo partió en dos y me dijo – ¿puedes unirlo? ¡Le contesté – por supuesto que no! Entonces me dijo – así ha pasado con mi vista, nunca podré recuperarla, nunca podré ver la luz de día.

Aunque fue muy triste lo que me dijo, pero me sentí más atraída a él. Disfrutaba tanto hablarle, y me complacía mucho su amistad. Era feliz a su lado. Cuando sonaba el timbre de recreo, yo buscaba por todas partes a José para poder hablar con él. Siempre lo encontraba entre amigos, todos querían hablar con José y, sobre todo, pasarle la mano a su perro "Tuco".

Capítulo 9

Pasaron varios años cuando mi papá encontró una distinguida dama llamada Luz Virginia. Doña Virginia era una mujer muy hermosa, sus cabellos rubios le lucían con sus grandes ojos verdes. Pasaron varios años y mi papá y ella decidieron casarse.

Un tiempo más tarde doña Virginia quedó embarazada y nace nuestra hermanita Brenda Luz. Era una niña hermosa con sus grandes ojos pardos, que embellecían su rostro. Jugaba con ella por largas horas y le leía cuentos infantiles. Ella era tan inteligente que todo lo que le enseñaba lo aprendía muy rápido. Al poco tiempo nace mi otra hermanita, Walesca Mariela, otra niña encantadora. Sus rizos embellecían su carita redonda.

Wally, como todos le llamamos, jugábamos con ella como si fuera una muñeca. Como yo había aprendido a cocer, le hacía vestidos muy hermosos. Jugaba con ella a las mamas por largas horas, le peinaba sus lindos rizos castaños. Disfrutaba mucho estar con ella, era una niña hermosa e inteligente.

Rosalie jugando a las muñecas con Brenda Luz.

Ahora nuestra familia consistía en cinco niñas y tres niños. Papito tuvo que construir un cuarto y baño adicional en la casa. Esto era, para poder acomodar a nuestras nuevas hermanitas y nosotras tres hermanas (Maggie, Lourdes y Rosalie) ocupar la habitación nueva. La familia Rodríguez siguió creciendo, ya éramos una gran familia.

Continuará... No se pierda en el 2017 la segunda parte de: "Una Niña Talentosa".

Familia Rodríguez

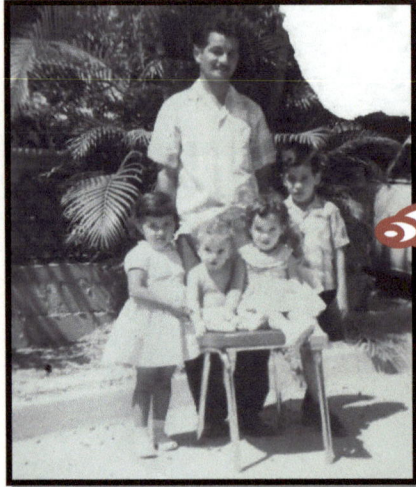

Papito, Miguel, Maggie, Rosalie y Lourdes

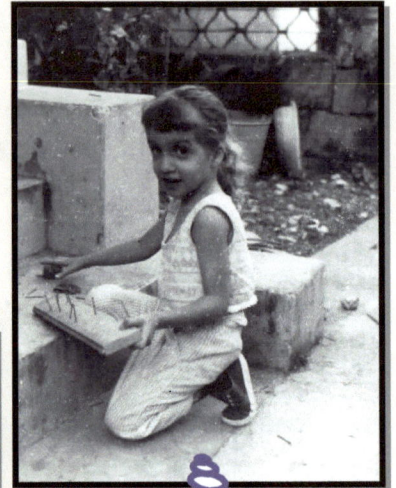

Rosalie

Lourdes Mamita, Miguel, Maggie, y Rosalie

Javi

Juanqui

Abuela Rosalía y Abuelo Miguel

Papito y Mamita

Luz Virginia

Brenda & Wally

Glosario

Área Metropolitana – zona de más concentración de población la cual está cerca de autopistas y avenidas.

Artes Industriales – cuando uno toma una materia prima y la transforma en un producto. En esta historia nos referimos al estudio de aprender a hacer muebles usando la madera.

Audiciones – son pruebas que se le hace a una persona para ver si da la talla del personaje que se busca; también un cantante o músico.

Balaustre – un pedazo de madera que tiene forma decorativa y son utilizados para ponerlos en las escaleras y balcones.

Borinquén – el nombre que le dio Cristóbal Colón a la isla de Puerto Rico.

Cáncer – hay diversos tipos de cáncer y se debe al crecimiento descontrolado de células malignas.

Cantimplora –recipiente de metal que es utilizado para echar agua.

Cavernas – cuevas o hueco con una cavidad profunda que está dentro de las rocas.

Concreto armado – cemento armado – material de cemento duro que se utiliza para hacer casas, edificios, carreteras o aceras.

Consultorio/despacho – espacio o cuarto utilizado como oficina

Cordillera Central – en esta historia es una zona de montañas situadas en el centro de la isla de Puerto Rico.

Corto y largo metraje – películas de poco tiempo de duración o largo tiempo de duración.

Cotidiana – alguna actividad que uno hace diariamente, que hace todos los días.

Dar a luz – es el nacimiento de un bebé que llega al mundo. También se le llama que esta de parto.

Dolores de parto/Contracciones – cuando la matriz de una madre comienza a contraerse para que el bebe pueda salir y nacer.

Esterilizar paños – acción de poner paños de algodón en agua hirviendo para matar cualquier bacteria o contaminación.

Excursión – cuando un grupo se va de recreo o ejercicio físico a algún lugar establecido.

Hoola-hoop/hula hoop – es un aro en forma de círculo plástico que fue utilizado en los circos durante los años 1960. Hoy día es utilizado en gimnasios para quemar calorías mediante el baile y también como juguete de diversión para niños(as). Su origen, se remonta a los años 3,000 y fue inventado por los egipcios.

Hospitalarios – personas dadivosas, que comparte lo que tiene, que ayuda a otras personas sin ningún interés.

Huérfana(o) – cuando un niño(a) pierde a uno o ambos padres.

Indios Taínos – primeras personas que habitaron en Puerto Rico cuando los españoles llegaron a la isla Borinquén.

Industria del cine – compañías a cargo de la distribución de películas de estreno para las salas de cine.

IQ/Inteligencia intelectual – evaluación realizada por un profesional en donde se mide el nivel de inteligencia.

Luto – costumbre de muchas culturas y ésto es una muestra de dolor y respeto cuando un familiar o persona muere. Usualmente la mujer se viste de ropas de color negro.

Merodeando – curioseando, observando.

Niña precoz – niña que demuestra cualidades y actitudes propias que no son propias de su edad.

Partera – persona que asiste a una mujer cuando está dando a luz uno o varios bebés.

Persuadir – convencer; conseguir que una persona cambie de parecer de opinión o conducta.

Pintoresco – se le llama a un paisaje, a una vista, a una escena con hermoso colorido.

Quehaceres – tareas que se hacen en la casa como: cocinar, barrer, lavar la ropa y etc.

Recursos naturales – ríos, montañas, manantiales, bosques, cavernas, valles y otros.

Sala de proyección – cuarto en donde se encuentran las películas y el proyector de películas. Usualmente se encuentra en un cuarto en la parte alta y contiene una abertura en donde la luz del proyector se refleja en la pantalla gigante de cine.

Sublimes – algo maravilloso, momentos memorables.

Sumergirse – en esta historia se refiere cuando uno se mete o concentra en la lectura.

Urbanizaciones – es un grupo de casas construídas en sectores urbanos.

NOTA: Libros Nuevos publicados enero del 2015 -16 en www.amazon.com:

Lo Prohibido y El Hijo del Capitán Diez.

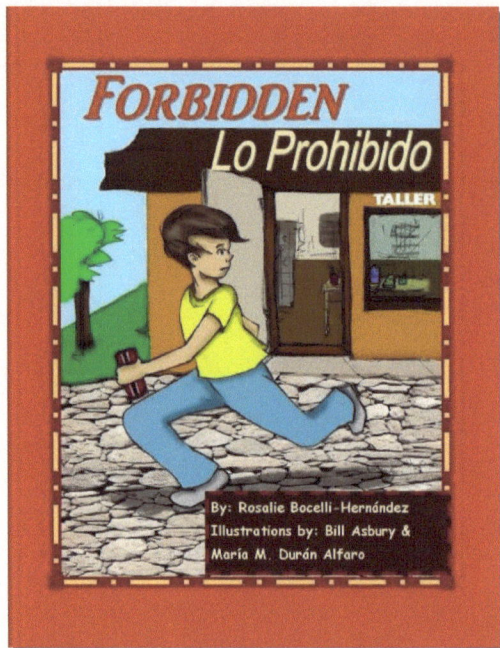

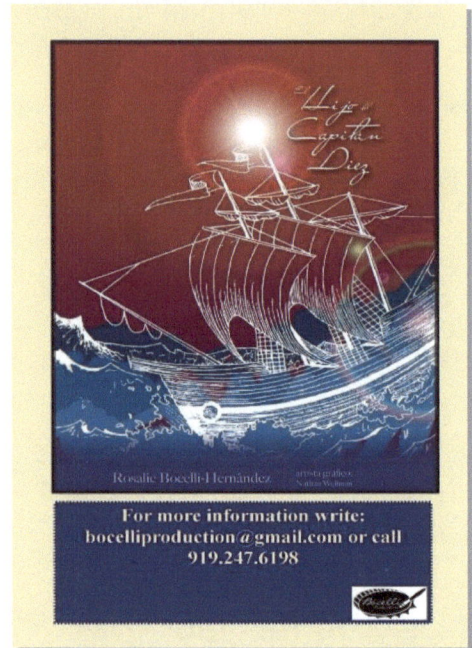

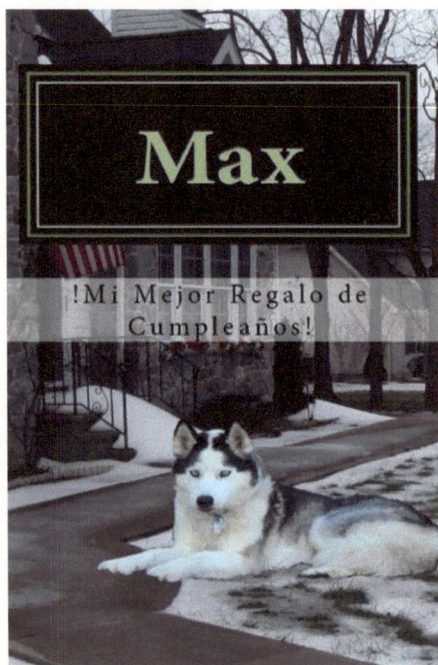

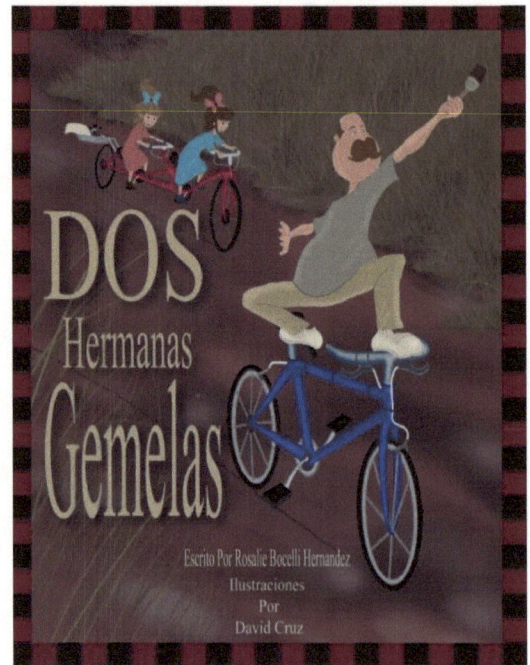

Libro Publicado en el 2014

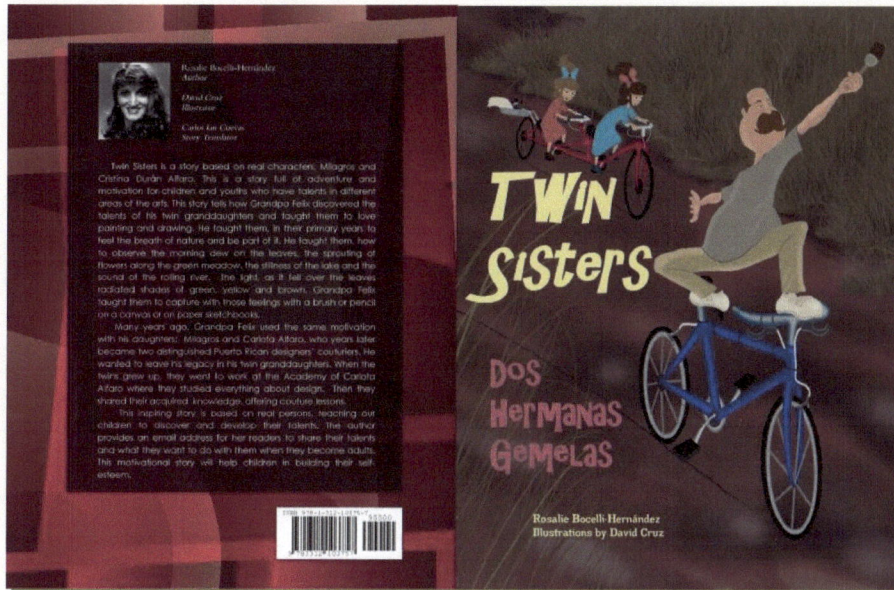